8° Z Renan 7910

Paris
1845

Damiron, Jean-Philibert

Discours : Sur Royer-Collard

DISCOURS

PRONONCÉ

À LA FACULTÉ DES LETTRES

(COURS D'HISTOIRE DE LA PHILOSOPHIE MODERNE)

PAR

PH. DAMIRON,

PROFESSEUR, MEMBRE DE L'INSTITUT.

Paris,

L. HACHETTE,

Libraire de l'Université royale de France,

RUE PIERRE-SARRAZIN, 12.

1845

FACULTÉ DES LETTRES.

PREMIÈRE SÉANCE

DU COURS

DE L'ANNÉE SCHOLAIRE 1845-1846.

M. Royer-Collard.

MESSIEURS,

Je n'ai pas besoin, je pense, de vous annoncer en commençant le sujet dont j'ai le dessein de vous entretenir aujourd'hui; vous le connaissez d'avance, et vous vous étonneriez sans doute que, le négligeant pour un autre, je n'eusse rien à vous dire d'un grand nom couvert de deuil, d'une de nos gloires éteintes, d'une mémoire vénérée, de M. Royer-Collard enfin, récemment enlevé par la mort à la philosophie! Je ne lui eusse pas succédé qu'à moins de beaucoup oublier, j'aurais encore eu à lui rendre un funèbre et triste hommage ; mais, son successeur maintenant, grâce à une réunion de suffrages qui m'honorent et m'obligent, vous n'avez pu douter que je ne songeasse pas à payer une dette à tant de titres respectable et sacrée. La difficulté est grande, je ne l'ignore pas, et vous ne refuserez pas de me croire, si je vous affirme qu'elle m'effraie de plus d'une façon; mais le devoir est impérieux, et, si je ne m'en dissimule pas l'étendue, j'en comprends aussi la nécessité. Vous m'en tiendrez compte, Messieurs ; vous vous mettrez à ma place, vous m'aiderez de vos sympathies, et vos pieux souvenirs viendront compléter et étendre ce que les miens auront inévitablement de trop imparfait et de trop abrégé. Je n'espère ni tout dire, ni tout dignement dire de l'homme éminent dont j'ai à vous parler ; mais ce qui me manquera, vous me le prêterez ; ce qui m'échappera, vous le suppléerez, et vous me donnerez, pour me soutenir, confiance en votre indulgence.

Je ne perdrai jamais la pensée du jour où, devant quelques amis, et en face d'un auditoire sérieux et recueilli comme celui qui m'écoute en ce moment, j'eus aussi à rendre à un autre nom, à celui de mon cher Jouffroy, un dernier et douloureux honneur. J'avais le cœur brisé : j'avais vu le mourant, j'avais vu le tombeau; j'étais plein de l'image de cet ami, sitôt perdu, et perdu pour tant d'intérêts si tendres et si sérieux à la fois. Je l'avoue, je ne voudrais pas, avec la même émotion, avoir à satisfaire encore à la même obligation ; je n'en aurais, je crois , la force ni le courage.

On me le pardonnera donc, si j'avoue qu'en m'acquittant aujourd'hui d'une tâche bien triste encore, j'ai cependant l'esprit plus calme et le cœur moins troublé. La mémoire de M. Royer-Collard m'est vénérable et chère , elle a tous mes respects, elle a ma filiale dévotion; mais j'y puis cependant penser avec moins d'angoisses et d'amertume. Je puis me dire, pour me consoler, que celui qui l'a laissée parmi nous est mort comblé d'années, tout prêt à l'éternité, son œuvre sur cette terre en grande partie achevée, et que, quand Dieu l'a retiré à lui, il n'avait plus qu'à se recueillir pour subir, serein et ferme, sa dernière et suprême épreuve. C'est toujours une perte à déplorer profondément, parce que jamais de telles âmes ne manquent en vain parmi les hommes; mais, à côté de l'affliction, il y a plus de motifs de résignation, et on accepte mieux une douleur qu'on comprend et qu'on explique mieux.

Du reste, ce que je vais faire pour M. Royer-Collard ressemblera beaucoup à ce que j'ai fait pour M. Jouffroy. Ce ne sera pas une biographie, le moment et le lieu en seraient mal choisis; ce ne sera pas un éloge, il y faudrait plus de pompe. Si la chaire philosophique pouvait se permettre quelque chose qui rappelât ce qui se fait dans la chaire chrétienne, ce serait, en l'honneur d'un sage justement vénéré, une sorte de panégyrique ; j'aime mieux dire plus simplement que ce seront quelques mots de regrets , de reconnaissance et d'admiration, religieusement consacrés pour notre édification mutuelle à une des intelligences qui ont de notre temps le plus honoré la philosophie. Dans ce dessein, je ne me propose donc pas de vous raconter la vie, soit publique, soit privée, de M. Royer-Collard : d'autres se chargeront de ce soin ; mais seulement de considérer et d'apprécier en lui le philosophe, et, autant que la nature du sujet se prêtera à ce partage, de l'envisager d'abord dans sa doctrine, ensuite dans son esprit, enfin dans son caractère, de manière à montrer comment ces trois choses convinrent pour former harmonieusement cette âme du sage et du juste, dont l'exemple doit nous rester comme un des meilleurs enseignements de la vie spéculative et pratique.

Quels furent en philosophie les commencements de M. Royer-Collard ? Il serait difficile de le dire : car ils ne se firent remarquer, ni par les occasions qui les provoquèrent, ni par les maîtres qui les dirigèrent, ni par les essais qu'ils produisirent. Ils passèrent, on peut le dire, à peu près inaperçus ; et, si on voulait à toute force en retrouver la trace, ce serait dans la solidité de sa première instruction et dans les fortes études de mathématiques et de droit auxquelles il se livra ensuite plutôt que dans des travaux proprement métaphysiques qu'il faudrait la chercher. M. Royer-Collard en effet ne philosopha d'abord qu'indirectement, et par suite de cette disposition générale de la pensée à pénétrer la raison des choses qui ne pouvait manquer à un esprit sérieux et grave comme le sien.

Il eut le bonheur, à la suite de ses humanités terminées, et à un âge où l'entendement s'essaie et commence à prendre ses habitudes viriles, de passer plusieurs années dans une retraite studieuse, sous la discipline éclairée et affectueuse tout ensemble d'un oncle, homme de mérite, principal du collége de la Doctrine dans la ville de Saint-Omer. Là, dans la liberté et la règle à la fois, sans obligation précise ni destination déterminée, mais avec de bons exemples pour l'engager et d'excellents conseils pour le guider, il s'appliqua assidûment à exercer avec fruit son active intelligence.

Il eut un autre bonheur : ce fut lorsque, avocat, il eut à paraître et à plaider devant cette sévère grand'chambre, dont, comme il le disait, il apprit le respect, et qui laissa dans son âme une impression si profonde de la dignité dans l'indépendance et de la gravité dans la liberté.

Ces deux circonstances durent certainement contribuer pour beaucoup à développer et à affermir en lui l'esprit de règle et de libre examen, de sage réserve et de sévère discussion, qui est l'esprit même de la philosophie.

Mais avec ce qu'il reçut d'autrui et perfectionna par le travail, il dut avoir aussi ses dons, sa grâce, son mouvement propre, cet amour vivifiant principe des grandes vocations, et qui le fut certainement de la sienne. Autrement on ne s'expliquerait pas comment, sans autre début, et à un âge où d'ordinaire on ne débute plus guère, il put venir ici se produire avec un enseignement qui dura deux ans à peine, et cependant laissa des traces ineffaçables.

Il ne lui fallait pas moins pour pouvoir suffire à

la tâche glorieuse, mais périlleuse, dont il osait se charger.

Où en étaient en effet alors les affaires philosophiques? Matériellement et par la date le 18e siècle était fini; mais moralement et par son action il durait encore plein de force. Or, au 18e siècle, à qui appartenait l'empire? à Descartes sans doute, au moins pour une part, pour l'esprit même de la science, pour les maximes et la méthode. Car, sous ce rapport, je ne crains pas de le dire, Locke et Condillac eux-mêmes relevaient de ce maître; mais pour une autre part, et sans contredit la plus grave, pour le fond même des doctrines, ils n'étaient plus ses disciples, ils étaient ses adversaires, et, en France du [moins, ses adversaires heureux. Condillac surtout, grâce à cette simplicité d'idées et de langage qu'on aimait en ses écrits, et qui, si elle n'y était pas toujours le signe de la vérité, en était au moins le faux air, avait gagné et gouvernait la plupart des esprits; il réunissait pour partisans, et ceux qui, comme Cabanis, Volney et de Tracy, avaient plus de penchant pour le sensualisme de la physiologie; et ceux qui, comme M. La Romiguière, de si douce mémoire, inclinaient de préférence vers un spiritualisme tempéré d'un peu de sensualisme.

La réaction, il est vrai, avait déjà commencé; mais c'était par les lettres plutôt que par la philosophie elle-même. M. de Châteaubriand avait fait sa grande opposition, mais il l'avait faite selon son génie, par une incomparable imagination plutôt que par le raisonnement ; Mme de Staël aussi avait eu son élan, mais sa force était dans le sentiment plutôt que dans la doctrine, et ce qu'elle avait d'idées en elle tenait de l'inspiration plutôt que du système. M. de Bonald lui-même, quoiqu'il discutât davantage, donnait plus à la foi qu'à la libre pensée, à la tradition qu'à la raison, et ses théories ne furent guère que de subtiles et brillantes traductions, en un style élevé, de certains dogmes de la théologie. Aussi la vive impression que ces puissants écrivains avaient, chacun à leur manière, déterminée et produite, de grand éclat dans le monde pour lequel elle était mieux faite, n'avait pas le même effet dans les académies et les écoles, auxquelles elle convenait moins, parce qu'elle n'avait pas un caractère assez décidément philosophique.

M. Royer-Collard, que je ne voudrais pas grandir outre mesure, mais auquel je dois cependant assigner sa juste place, fut, avec d'autres sans doute, mais il fut un des premiers, il fut le seul même, d'abord dans une chaire publique, c'est-à-dire sur le vrai lieu de la lutte et du combat, à concourir à ce retour généreux des esprits ; et il n'était pas alors ce que nous l'avons vu depuis, ce personnage considérable, puissant de renom et de crédit, que la tribune nationale avait comme investi d'une autorité universelle. Il était peu connu, et n'avait publiquement aucun des titres qui préviennent et préparent le succès : de sa personne il avait tout à faire, jusqu'au premier de ses disciples, car il n'avait pas encore enseigné. Mais il avait foi dans sa cause, et il se mit résolument à l'œuvre.

Qu'avait-il en face de lui? Un système, le sensualisme. Qu'avait-il à y opposer? Un autre système, le spiritualisme. Mais voyons précisément ce qu'il voulut, et entreprit par celui-ci contre celui-là. Il ne s'agit pas ici d'exposer tout le détail de sa doctrine, ce serait le sujet d'une suite de leçons plutôt que celui d'une pieuse et triste commémoration ; mais je voudrais au moins en bien faire comprendre le but et les points essentiels.

Faites de la substance une collection de modes ou de qualités, et vous n'avez plus deux choses en une, la substance et la qualité, la substance qualifiée; vous n'en avez qu'une, la qualité, ou plutôt vous n'avez rien, car il n'y a que néant dans la qualité sans la substance.

Faites également de la cause une collection de phénomènes, et vous n'avez plus de même ni les phénomènes, ni la cause: celle-ci, parce qu'elle n'est plus dès qu'elle se réduit aux phénomènes; ceux-là, parce qu'ils ne peuvent plus être dès qu'il n'y a plus un principe qui les produise et les soutienne.

Essaiez aussi de faire du temps une simple succession, et de l'espace à son tour une simple juxtaposition, et le temps et l'espace, perdant à l'instant même leur infinie continuité, c'est-à-dire la condition même de la succession et de la juxtaposition, d'une part, cessent d'être ce qu'ils sont dans la réalité, et, de l'autre, ne peuvent pas être ce qu'on feint qu'ils sont.

Ainsi, dans cette hypothèse, rien ne subsiste et ne reste de la substance et de la cause, du temps et de l'espace, par conséquent de tout ce que directement ou indirectement ils impliquent.

Or que fait le sensualisme quand il ramène toute notion à la simple sensation? Il se condamne nécessairement à ne reconnaître et à n'admettre que l'objet propre de la sensation; et cet objet c'est le sensible, et non l'intelligible; c'est la qualité, et non la substance; l'effet, et non la cause; la juxtaposition, et non l'espace; la succession, et non la durée. Aussi la plupart et les plus conséquents de ceux qui ont embrassé cette opinion ont-ils pensé ou dit que la substance et la cause ne sont que des collections, le temps et l'espace que deux points de vue de ces collections, et toute leur explication, qu'ils l'aient voulu ou non, s'est au fond terminée à une pure négation. Tel a été leur scepticisme.

Eh bien! c'est ce scepticisme contenu dans le sensualisme que M. Royer-Collard s'attacha particulièrement à combattre.

Ainsi, poussant à bout cette prétendue substance qui ne serait qu'un assemblage, sans lien ni fondement, d'attributs ou de modes, il montra qu'elle n'était qu'une abstraction réalisée, qu'un mot pris pour une chose, qu'une impossibilité et une vanité; et de même de la cause par un semblable raisonnement. Quant à l'espace transformé, pour complaire à la sensation, en une juxtaposition, il le convainquit également d'abord de n'être plus le véritable espace, et ensuite d'être ce qui ne se conçoit que par l'espace lui-même; c'est-à-dire qu'il y fit voir, avec une illusion, une contradiction. Illusion et contradiction, c'est aussi ce qu'il marqua dans la durée prise pour la succession, et non pour la condition de la succession.

C'est de la sorte que sur tous ces points il s'efforça de ruiner le scepticisme, renfermé au sein du sensualisme.

Mais ruiner n'était que la moitié de l'œuvre à accomplir ; il fallait aussi édifier. M. Royer-Collard l'essaya en commençant par établir que, si l'entendement débute, il ne finit pas par la sensation, et que, s'il saisit le sensible, c'est pour pénétrer au delà et aller jusqu'à l'intelligible, qui s'y trouve enveloppé. Il enseigna de plus que ce n'est pas au dehors seulement, mais aussi au dedans, et même au dedans avant tout, que nous passons ainsi de ce que donne le pur sens à ce que nous suggère la raison ; et il expliqua en conséquence comment nous concevons la substance et la cause en nous et puis hors de nous, non pas certes sans les qualités et les phénomènes qui les distinguent, mais comme autre chose que la collection de ces qualités et de ces phénomènes.

Il raisonna de même à l'égard du temps et de l'espace. Il les avait trouvés entre les mains du sensualisme, avec le faux caractère de la limite et de la division ; il les reprit pour leur rendre avec leur continuité leur véritable infinité, et il les restitua à Dieu, auquel ils appartiennent, en les retirant au monde, qui n'en est pas capable.

Appliquant ensuite cette doctrine à l'âme, au corps et à Dieu, il montra que les expliquer, comme on avait fait la substance et la cause, le temps et l'espace, c'était au fond les nier. Car d'abord pour l'âme, si elle n'était en effet qu'une collection de modes ou de phénomènes, elle ne serait plus ce qu'elle est dans la vérité de sa nature, une unité active, une force en soi, une personne; elle ne serait qu'une vaine et impossible abstraction; et pareillement le corps, s'il n'était aussi qu'un assemblage sans fond de modes ou de propriétés.

De plus le corps et l'âme, toujours dans la même hypothèse, seraient encore à un autre titre privés de l'existence, puisque pour exister il faut durer, qu'il faut être situé, et qu'il n'y a pour les créatures ni durée ni situation si le temps n'est que la succession, et l'espace que la juxtaposition.

Quant à Dieu, à en juger toujours d'après la même théorie, il ne resterait pas non plus ce qu'il est par son essence, c'est-à-dire une substance et une cause infinie, éternelle et immense, puisque par la supposition rien de tout cela ne serait, et il deviendrait un je ne sais quoi de vainement abstrait, qui n'aurait plus caractère pour être celui qui est, et vertu pour tout faire, à tout jamais et partout.

Mais si, selon une philosophie plus conforme à la vérité, on reconnaît mieux dans leur nature la substance et la cause, le temps et l'espace, on comprend mieux aussi l'existence et les perfections des créatures et du Créateur. L'âme est alors une chose simple, qui n'est pas, mais qui a une collection de facultés; le corps, une chose composée, qui n'est pas, mais qui a un assemblage de propriétés; et l'une et l'autre les ont au sein du temps et de l'espace, qui leur servent par là même à les produire et à les développer. Dieu de son côté est l'être qui, réunissant en lui l'immuabilité de la substance à la vie de la cause, y joint comme deux moyens de les faire être et paraître, où et quand il lui plaît, l'immensité et l'éternité.

Voilà ce que M. Royer-Collard enseigna, au moins implicitement, sur Dieu, l'homme et le monde.

En tout, de vérités méconnues, confondues, ou mal à propos contestées, il fit des vérités mieux connues, mieux entendues, ou justement rétablies. Il repoussa le scepticisme caché dans le sensualisme, par un spiritualisme sagement dogmatique.

Le spiritualisme pour le dogmatisme, contre le sensualisme, à cause du scepticisme, telle fut, dans son dessein le plus général et le plus élevé, la philosophie de M. Royer-Collard.

Ce dessein avait de la grandeur; ce n'était pas moins que la pensée de rétablir dans ses droits, c'est-à-dire dans les vérités les plus importantes à posséder, la raison, qu'en dépouillait, en croyant les lui assurer, une doctrine qui se faisait à elle-même illusion. Mais avec de la grandeur, c'était aussi une certaine sévérité, et je ne sais quoi de fortement contenu et circonscrit, qui devait imposer plus que plaire à des esprits moins éprouvés que le sien. L'horizon ne manquait pas, mais il était délimité; et je comprends comment des disciples plus inquiets, plus ardents et plus impatients que le maître, aient désiré pour ainsi dire plus d'air et de lumière, un ciel moins austère, et de plus vastes contrées. M. Jouffroy a dit que, dans l'impuissance où il était alors de saisir les rapports secrets qui lient les problèmes en apparence les plus abstraits et les plus morts de la philosophie aux questions les plus vivantes et les plus pratiques, il ne revenait pas de son étonnement qu'en se préoccupant d'un sujet qui n'était après tout qu'un point dans la science, on en laissât de côté tant d'autres si considérables, touchant Dieu, l'homme et le monde, les mystères du passé et l'énigme de l'avenir. Il exprimait bien par ces paroles l'état d'anxiété de son âme, à un âge où la philosophie, lui venant comme à d'autres le poésie, parmi tous les tourments d'une curiosité pleine à la fois de tristesse et d'espérance, l'agitait de désirs, et je dirai presque de soupirs, que ne pouvait satisfaire un enseignement si ferme et si arrêté en ses bornes précises.

M. Royer-Collard, en effet, sans renoncer à rien de ce qu'il aurait pu par la suite faire entrer dans ses leçons, n'aborda au moins directement aucune de ces vives questions qui déjà éveillaient, qui plus tard devaient entraîner les intelligences ébranlées. Il ne toucha guère à la morale, s'abstint à peu près de la théodicée, et suivit peu la philosophie dans ses applications à la politique, à la religion, à l'art et à l'histoire; il se borna à la métaphysique, et il ne put pas faire autrement dans les trop courtes années qu'il consacra à sa chaire. Cependant, à la bien juger, son œuvre n'en restera pas moins un grand établissement, qui seul ne suffirait pas sans doute pour toute une doctrine, mais qui en est au moins la base solide autant que profonde.

M. Royer-Collard, nous venons de le voir, attaquait surtout le scepticisme. Dans cette guerre il avait ses adversaires ; il devait avoir aussi ses auxiliaires. Où les trouva-t-il ? Avant tout dans celui qui, le premier entre les philosophes modernes, recherchant régulièrement le principe de la certitude, le reconnut non dans les sens, auxquels il n'appartient pas, mais dans la pure pensée, dont il est le partage, quand elle est irrésistiblement déterminée par l'évidence. Il les trouva ensuite auprès de cette école de sages qui, tout en accordant plus à l'expérience sensible, ne lui accordaient pas cependant ce qui n'était pas dans son droit, et revendiquaient pour la raison, sous la forme du sens commun, une autorité dont elle seule peut légitimement être investie. Dans Descartes, c'étaient le génie, la simplicité jointe à la force, la hardiesse unie à la prudence, une méthode excellente, exprimée en claires maximes, et justifiée par de grands exemples, qui l'attiraient et lui inspiraient une légitime confiance ; dans les Ecossais, dans Reid particulièrement, c'étaient des qualités d'un moindre ordre sans doute, mais bien précieuses encore, une constante tempérance, une sagacité judicieuse, beaucoup de solidité dans la critique et de sûreté dans l'observation, en tout ce bon sens supérieur et soutenu, qui, s'il n'égale pas le génie le suit au moins de près, soit pour le seconder, soit même pour le redresser. M. Royer-Collard put donc s'appuyer sur Descartes et sur Reid en même temps, et, cartésien avec l'un, comme il convenait de l'être de nos jours, écossais avec l'autre, comme le demandait l'esprit de notre pays, il eut ainsi, pour entrer dans la lutte qu'il allait soutenir, d'assez belles alliances.

Mais il eut aussi ses forces propres, et en premier lieu sa méthode. Or cette méthode, quelle était-elle? Une rare puissance d'analyse. M. de Biran, auquel on est naturellement amené à le comparer parce qu'ils philosophèrent ensemble, et avec une grande estime l'un de l'autre, eut aussi son analyse, qu'il mania supérieurement; mais entre ses mains elle était plutôt métaphysique que logique; entre celles de M. Royer-Collard elle était plutôt logique. Il excellait en effet à pousser avec rigueur de conséquences en conséquences jusqu'aux derniers développements d'un principe donné; M. Maine de Biran à remonter à ce principe lui-même, et à en reconnaître le fondement, avec autant de finesse que de profondeur. L'un avait plus de dialectique et l'autre plus d'invention; celui-ci, d'une intelligence plus en dedans, en quelque sorte plus intime et plus recueillie, avait plus de ce qu'on appelait le méditatif au 17e siècle; celui-là, avec sa promptitude et sa précision nerveuse, sa vigueur dans la dispute, avait plus du controversiste. M. Maine de Biran aurait eu des traits qui eussent rappelé Malebranche s'il eût eu quelque chose de ses belles manières de dire; il en avait certainement, qu'on me permette le mot, cette pointe de spéculation qui, un peu à l'étroit, il est vrai, pénètre cependant parfois si avant et si loin. M. Royer-Collard, de son côté, outre d'autres liens de parenté qu'il pouvait avoir avec Arnauld, en avait incontestablement, moins abondante sans doute, ou si l'on veut plus sobre, la forte et solide argumentation. On l'a rapproché de Pascal: ce n'a pu être qu'à distance; mais, la distance gardée, il est certain que, quand comme lui il s'élève à l'éloquence, c'est par la logique qu'il y parvient; c'est sa haute raison qui le fait orateur, et il la déploie dans ses discours avec tant de vigueur et de mouvement, que sa démonstration, presque aussi vive que la passion, finit non seulement par convaincre, mais par entraîner, si ce n'est par toucher les esprits. En lui le logicien triomphe et paraît partout. On cite de lui bien des mots pleins de verve et d'originalité; il en est bien peu qui ne soient comme un raisonnement mis en un trait d'esprit, et dans lesquels la conséquence ne perce avec la justesse d'une manière aussi précise que piquante et inattendue, tant l'exercice dialectique était dans ses habitudes les plus familières et les plus promptes.

Peut-être même cette disposition donnait-elle quelquefois à son esprit quelque chose de trop négatif et le rendait-elle plus propre à la critique qu'à la doctrine. C'était l'abus de sa force, mais sa force n'en était pas moins une singulière puissance de discussion. Il était irrésistible dans la réfutation.

Sa méthode fit donc particulièrement valoir son enseignement, et sa manière de philosopher sa philosophie elle-même.

Mais d'autres qualités remarquables la servirent également, soit à titre de secours, soit même comme ornement.

Ainsi, avant tout, M. Royer-Collard imposait par sa parole, et il imposait à tout le monde. On l'a pu voir en présence des plus diverses intelligences, des plus fécondes et des plus déliées, des plus vigoureuses et des plus fermes; il paraissait toujours le maître, on pourrait même dire le magistrat, tant, grâce à l'élévation et à la gravité de ses pensées, à la constance de ses sentiments, à la précision et à la décision des opinions qu'il professait, grâce aussi à un certain tour particulier d'expressions dont il possédait le secret, il avait ce qui commande à la fois et justifie l'assentiment. Dans le commerce ordinaire on discutait peu avec lui, et même on causait peu : il discutait et causait pour vous; mais on le laissait volontiers faire, parce qu'il le faisait excellemment, et qu'il y apportait, avec une légitime et incontestable supériorité, une simplicité et un bon goût, une mesure et une convenance, qui lui assuraient aisément sinon toujours l'adhésion, au moins la déférence. Il régnait, et n'usurpait pas. L'autorité, en d'autres termes, ou cette confiance dans la grandeur, cette dignité dans la force, cet assemblage heureux de puissance et de bon droit, qui n'appartiennent bien qu'aux natures d'élite, tel était certainement un des traits remarquables de l'esprit de M. Royer-Collard.

C'était un penseur d'une exquise distinction. Ceux qui sans le connaître, et sur la foi de jugements qu'on ne s'expliquerait pas, lui auraient prêté dans leur imagination quelque chose du pédant d'école, se seraient certes mépris d'une étrange façon. C'était au contraire l'honnête homme dans la plus précise acception de l'ancien sens du mot, avec je ne sais quoi de bien né dans le discours, comme dans les manières, qui en faisait de notre temps un des rares représentants de la grave politesse d'un autre âge. Il y joignait heureusement une culture littéraire qui, sans être aussi riche, aussi variée peut-être que celle qui fait votre admiration dans quelques uns de vos maîtres, que je n'ai pas besoin de nommer ici, était cependant suffisante pour nourrir et orner ce grand et bel esprit ; et telle qu'il l'avait, il la possédait comme il possédait tout, avec une rare puissance. On rapporte qu'un jour, dans une séance du conseil d'état, comme quelqu'un, le voyant distrait et peu occupé des matières qui s'y traitaient, lui demandait à quoi il pensait : « Je me récite Phèdre », répondit-il. C'était ainsi que souvent il revenait par la mémoire à Racine ou à Bossuet, à Corneille ou à Pascal, et cherchait dans ses vivants et brillants souvenirs un délassement à la fatigue des vulgaires affaires. C'était sans doute aussi en témoignage de son respect pour ces lettres de choix, qui seules avaient son culte, qu'il disait à une autre personne : « Je ne lis plus, je relis. » Il relisait, c'est-à-dire qu'il reprenait avec amour ses livres d'autrefois pour en récréer religieusement sa forte et généreuse vieillesse, comme il en avait d'abord nourri sa laborieuse jeunesse ; et naturellement il donnait peu de son loisir et de ses soins à ces nouveautés, même brillantes, mais quelque peu hasardeuses, que le siècle tentait en vain de faire pénétrer et prendre place dans sa sévère retraite. Il ne se plaisait bien qu'à l'antiquité, soit celle des anciens, si l'on peut ainsi parler, soit au moins relativement celle que l'on peut appeler la nôtre, et telle que nous l'ont faite les meilleurs de nos auteurs.

Il avait l'esprit libre, ou, si l'on veut, libéral en matière de pensée comme en matière de politique, et aux mêmes conditions, c'est-à-dire avec de grands égards pour l'ordre et la mesure. Ainsi il n'aimait pas qu'on fît du côté de la philosophie des fautes contre la religion, pas plus qu'il n'approuvait qu'on en commît de l'autre côté contre la philosophie elle-même : religion et philosophie, il ne voulait pas qu'on opposât ou que l'on sacrifiât l'une de ces deux choses à l'autre ; il eût plutôt désiré qu'on les conciliât en les distinguant, et dans sa haute impartialité il aurait volontiers dit aux uns : N'y touchez pas ; aux autres : N'empêchez pas ; et à tous : Accordez-vous. C'est dans ces justes termes qu'il tâchait de se tenir. Aussi, quand, dans ces derniers temps, il vit les déchaînements dont, sans provocation comme sans motif, l'université, à cause de la philosophie, était soudain devenue l'objet, tout dégagé qu'il fût déjà des intérêts de ce monde, et tout occupé qu'il parût de pensées religieuses, il se rangea sans hésiter de notre parti contre l'autre, et nous soutint constamment de sa ferme approbation. C'était un sage chrétien qui, sur le seuil de la tombe, se retournait comme pour nous donner dans son dernier adieu un juste et honorable assentiment. Les sages étaient donc pour nous.

En d'autres jours aussi M. Royer-Collard fut avec nous. C'était dans des temps plus durs, et alors que le malheureux esprit dont nous avons pu craindre le retour triomphait à l'excès, et, ne mesurant pas ses coups, fermait de grandes chaires, frappait une grande école, et nous atteignait au début comme au degré le plus élevé de notre laborieuse carrière. M. Royer-Collard, qui nous l'avait ouverte, nous y défendit tant qu'il le put ; puis, quand il dut renoncer aux fonctions qui le lui permettaient, il fut pour nous d'un autre secours : il nous prêta l'appui de son conseil et de son exemple, et, par cette double discipline, nous apprit comment nous avions à concilier honorablement la modération avec l'indépendance, la constance avec la liberté, une ferme résignation avec la fidélité à nos convictions. Sa sagesse, qui nous avait guidé dans les voies de la pensée, ne nous abandonna pas dans celles de la vie pratique ; et, à l'un comme à l'autre titre, il y eut toujours en lui beaucoup du père pour nous.

Par tous les mérites de son intelligence, il s'adressait à l'élite plus qu'à la foule des esprits ; il fut le maître puissant de quelques disciples de choix, mais il se communiqua peu au grand nombre, et n'attira jamais autour de sa chaire ce concours empressé qui se réunissait dans le même temps autour de celle de M. La Romiguière, et qui accourut plus tard plus fréquent et plus animé encore aux leçons de M. Cousin. C'était peut-être un peu parce que sa doctrine, nouvelle venue, était loin d'avoir encore la faveur méritée dont par la suite elle jouit, mais c'était aussi et surtout parce que sa savante parole, écrite d'ailleurs et non improvisée, n'avait rien de cet agrément plein d'abandon et de bonhomie qui servait à M. La Romiguière à charmer ses auditeurs, ou de cette vive ardeur qui donnait à M. Cousin tant d'action sur les siens ; ce qui la distinguait c'étaient la solidité, la sobriété, la profondeur, une exquise pureté, une constante et forte sévérité.

M. Cousin, que je viens de nommer, et auquel, quelques égards que je doive m'imposer en parlant de lui, je ne puis cependant pas refuser ce que les plus sévères lui accordent, eut mieux de ce qui convient à l'élite et à la foule tout ensemble. Le plus heureux accord d'une érudition profonde et rare et d'une singulière fécondité de vues, l'exactitude de la critique unie à la puissance de la doctrine, un langage des meilleurs, même pour les plus difficiles, en un mot ce qui se juge, et s'estime surtout : voilà ce qui lui assura la partie la plus grave du public qui l'écoutait ; le mouvement, la chaleur, l'imagination, et même la passion, au service d'un constant besoin de répandre au dehors et de propager ses pensées, l'éloquence pour tout dire dans ce qu'elle a à la fois de plus naturel et de plus habile, voilà ce qui lui gagna avec éclat la jeunesse. C'est ainsi qu'en succédant à son illustre maître il put le continuer sans lui ressembler, et régner après lui sans régner comme lui ; à peu près comme il en fut dans toutes les grandes écoles, comme il en fut, par exemple, entre Platon et Socrate. J'aime peu ces rapprochements dont la postérité seule est bien juge, et qu'il faut lui laisser pour plus de justice et de vérité ; mais cependant, toutes réserves faites et toute mesure gardée, y aurait-il quelque chose de trop invraisemblable à dire que celui qui dans notre temps eut des traits de Platon rappela sans répéter celui qui de son côté en eut certainement de Socrate. Je ne sais ; mais ce qu'il y a de certain, c'est qu'avec leurs ressemblances ils eurent leurs différences, et que leurs rôles, quoique liés, furent cependant distincts. Dans l'ordre des idées, comme dans celui des sociétés, en philosophie comme en politique, il y a des hommes qui semblent mieux faits pour la résistance et l'indépendance, d'autres pour l'élan et la conquête. M. Royer-Collard, par sa nature, était plutôt des premiers, et M. Cousin des seconds. Celui-ci avait dans la pensée plus de souplesse et de flexibilité, d'attrait et d'ambition, de don et de puissance pour s'assimiler les âmes; celui-là plus de rigidité, de retenue, de fermeté, et, s'il restait toujours lui-même, il faisait assez difficilement les autres à son image; il lui manquait peut-être un peu de la vertu active et de l'efficace du prosélytisme. Et dans cette différence réelle entre le maître et le disciple il y avait sans doute beaucoup du génie propre à chacun; mais il y avait aussi de l'âge, du moment de la vie, où ils arrivèrent tous deux à l'enseignement public : l'un en effet n'y toucha que dans sa maturité, l'autre au contraire y fut élevé dans la force de sa jeunesse. Or, à cinquante ans, on peut encore fortement combattre pour sa patrie; et ici la patrie de l'un comme de l'autre, c'était ce spiritualisme libéral et éclairé, auquel ils se dévouèrent également; mais on songe moins à s'étendre et à pousser au loin sa domination. A vingt-cinq, on ose plus; en espérance du moins, on embrasse le monde. Tels furent entre eux ces esprits, excellents tous les deux, celui-ci pour développer, celui-là pour commencer ce grand mouvement d'idées, auquel leur nom restera attaché.

J'ai essayé de vous rappeler quelques uns des traits qui distinguèrent la haute intelligence de M. Royer-Collard; je ne voudrais pas oublier de vous marquer ceux qui honorèrent le plus son noble et ferme caractère. Après avoir été juste envers le penseur, il faut l'être aussi envers le sage, surtout quand on considère que de l'un à l'autre tout se tient, et que, par une heureuse harmonie dans cette âme élevée, la volonté fut digne de l'entendement, comme l'entendement de la volonté.

M. Royer-Collard pensait beaucoup à lui; mais il faut bien l'entendre. S'il pensait beaucoup à lui, c'était afin de mieux veiller sur lui, afin de mieux s'assurer son estime à lui-même, afin de mieux environner sa vie de décence et d'honneur. Il n'était si attentif que pour être plus irréprochable. On a dit de lui, par un de ces mots qui rappellent les siens, et qui ont besoin toutefois d'être bien interprétés, que pour lui *l'autre* n'existait pas. L'autre en effet, c'est-à-dire l'homme des petites passions, des petits intérêts, des bassesses et des hontes, n'était pas à ses yeux; il n'en tenait pas compte, il ne lui permettait pas son commerce. Mais l'homme meilleur et plus digne, l'homme honnête et loyal, dont la conduite et les maximes convenaient avec les siennes, il le recherchait, il le cultivait, il l'acceptait volontiers en sa grave société. C'était donc là, si l'on veut, dans son âme sérieuse, une considération de lui-même, quelque peu exclusive, mais exclusive de quoi? de tout ce qui n'était pas honorable; c'était de la dignité un peu fière peut-être, mais juste et bien fondée. Aussi était-elle généralement reconnue et sentie; et quand il disait qu'il n'y avait plus en France telle chose que le respect, il eût pu se rappeler qu'il y en avait au moins pour lui, car des hommes de notre temps nul ne fut plus respecté. Ce respect, dont il se plaignait de voir la tradition disparaître de nos mœurs, et qu'il se félicitait d'avoir appris des hommes d'un autre temps, il en était naturellement, par sa personne et par sa vie, le légitime objet.

Dans nos jours de faciles et promptes complaisances, de compositions empressées, d'accommodements peu retenus, il resta intègre et ferme devant les divers pouvoirs; et son adhésion à leur égard ne fut jamais qu'au prix de sa franche approbation. Dans ses rapports avec eux, il recevait beaucoup d'avances et faisait peu de frais; il demandait rarement, et seulement quand il avait pour autrui quelque droit à faire valoir; mais alors aussi il exigeait, et, on peut le dire, il obtenait, tant son intervention prêtait à la justice d'appui et d'autorité.

Dans nos jours pareillement, d'une charité sincère, mais plus occupée peut-être des biens matériels que des intérêts d'un autre ordre et des besoins moraux des âmes, alors que, parmi les secours que l'on prodigue aux faibles, on néglige un peu trop auprès de l'aumône ordinaire celle que je demande la permission de nommer *spirituelle*, l'aumône d'un bon conseil, d'une salutaire réprimande, d'une parole de consolation, de sollicitude et d'amour; on conçoit comment M. Royer-Collard, dans sa dévotion à ce spiritualisme qu'il aimait pour la pratique non moins que pour la théorie, ne goûtait pas toujours et n'acceptait pas sans réserve les principes et les maximes de cette facile philanthropie. Je ne sais si je ne vais pas abuser de la particularité, et rapporter des paroles qui devraient peut-être être gardées pour les souvenirs familiers; mais j'y trouve l'expression d'une idée juste et saine, et je crains moins de les citer quand elles se peuvent ainsi justifier. Un jour donc que, dans une conversation à peu près publique sur ce sujet, on avait soutenu une opinion contraire à la sienne, il finit par dire : « Oui, je comprends, vous préférez pour le peuple un bon bouillon (on s'était servi de ce terme) à un bon sentiment ; moi, je préfère un bon sentiment ». Et il semait sa réponse d'une foule de mots piquants dans leur fine et grave familiarité, qui ne ménageaient guère ses contradicteurs, et cependant ne les blessaient pas, les charmaient même plutôt, tant la vérité et l'urbanité s'y mêlaient à la liberté. C'est qu'en effet M. Royer-Collard plaidait alors pour une des pensées les plus chères à son cœur, pour cette foi aux choses morales, au service de laquelle il était toujours prêt à mettre soit sa haute raison, soit sa vive et brillante raillerie.

Il avait le culte du droit ; il en était le défenseur public, le docteur à la tribune ; et, dans le particulier, il ne l'abandonnait pas. Comme dans une certaine circonstance il l'entendait sacrifier sans retenue au fait, voulant le relever par un trait inattendu qui terminât le débat, il dit ce mot qui étonna d'abord ceux auxquels il était adressé : « Pour moi je ne sache rien de plus méprisable que le fait. » Le fait, dans son opposition au droit, ou l'abus de la force, le privilége, l'injustice, voilà en effet ce qui ne pouvait trouver place dans son estime, et ce qu'il traitait constamment avec le plus de dédain et de sévérité.

Vous parlerai-je maintenant de ses vertus privées,

de son choix et de sa fidélité dans sa bienveillance et dans son amitié, de sa tendresse paternelle, aux jours de sa vieillesse si cruellement éprouvée; de cette religion de la famille qu'il portait dans son âme et qu'il répandait autour de lui ! Mais il n'aurait pas souffert qu'on le louât de ces mérites, et, pour écarter de lui tout éloge semblable, il eût bien pu répéter une de ses célèbres paroles, et dire que, si la vie privée doit surtout être murée, c'est pour que le bien plutôt que le mal y demeure caché, et y soit un objet de recueillement et de conscience, et non d'ostentation.

Je ne vous ai pas raconté sa vie. Je ne vous raconterai pas sa mort, dont d'ailleurs il n'y aurait rien autre chose à vous faire connaître, sinon qu'elle fut pour lui sérieusement prévue, gravement méditée, pieusement acceptée ; de sa vie à sa mort, ce ne fut qu'une conséquence.

Mais je ne voudrais pas vous quitter et achever de vous parler de l'homme illustre que nous pleurons, sans vous exprimer une réflexion dans laquelle au reste votre pensée a peut-être déjà prévenu la mienne : J'ai tâché de vous montrer dans la personne de M. Royer-Collard avec une saine doctrine un grand esprit et un noble caractère. Or il y a là sans doute de quoi beaucoup regretter, mais il y a plus encore de quoi beaucoup imiter. L'exemple est ce qui y domine. Que l'exemple en sorte donc pour nous éclatant et durable; qu'il en sorte sacré, pour nous apprendre à bien penser et à bien vouloir; qu'il nous fasse, s'il se peut, des hommes de la famille de ce sage, des âmes selon cette âme, des cœurs selon ce cœur. Suivons d'un long regard, de cette vie à l'autre, cette ombre vénérée, que le mystère de la mort doit nous rendre plus sainte encore. Qu'avec nos vœux funèbres, nos bonnes résolutions l'accompagnent, que nos adieux soient des engagements à marcher sur ses traces. Faisons-lui comme une religion de notre respect et de notre amour. Grand nom que nous saluons avec une tristesse pieuse, reste-nous dans la mémoire pour nous exciter constamment à ressembler, autant qu'il sera en nous, à celui qui te porta avec tant de dignité et d'honneur ; de la tombe que tu décores, des œuvres où tu es inscrit, des actes où tu brilles, sois-nous comme une lumière et une règle de vie. Nous ne saurions avec un tel signe, et en y demeurant constamment fidèles, manquer à aucune forte étude ni à aucun saint devoir.

www.ingramcontent.com/pod-product-compliance
Lightning Source LLC
Chambersburg PA
CBHW060624050426
42451CB00012B/2421